EXTRAITS

DES

ORATEURS POLITIQUES

DE LA FRANCE

DES ORIGINES A 1830

CHOIX DE DISCOURS PRONONCÉS
DANS LES ASSEMBLÉES POLITIQUES FRANÇAISES
ÉTATS GÉNÉRAUX, CONSEILS, PARLEMENTS, CHAMBRES

RECUEILLIS ET ANNOTÉS

PAR

ALBERT CHABRIER

Ancien professeur de rhétorique au lycée Louis-le-Grand

PUBLIÉS AVEC UNE INTRODUCTION ET DES NOTICES
à l'usage des candidats au Brevet supérieur

PAR

M. PELLISSON

Inspecteur d'Académie.

PARIS

LIBRAIRIE HACHETTE ET Cie

79, BOULEVARD SAINT-GERMAIN, 79

1902

EXTRAITS

DES

ORATEURS POLITIQUES

DE LA FRANCE

DES ORIGINES A 1830

A LA MÊME LIBRAIRIE

Les Orateurs politiques de la France des origines à 1830. Choix
de discours prononcés dans les Assemblées politiques françaises, recueillis et annotés par M. Albert Chabrier. Nouvelle
édition, publiée avec un avant-propos de M. JACOULET, inspecteur
général honoraire de l'Enseignement primaire. Un volume
in-16, broché.   4 fr.

**Extraits des Orateurs politiques de la France des origines
à 1830.** Choix de discours prononcés dans les Assemblées
politiques françaises, recueillis et annotés par M. ALBERT
CHABRIER, ancien professeur de rhétorique au lycée Louis-le-
Grand, avec une introduction et des notices par M. PELLISSON,
inspecteur d'Académie. Un volume in-16, broché.   50 c.

Coulommiers. — Imp. PAUL BRODARD. — 164-1902.

EXTRAITS

DES

ORATEURS POLITIQUES

DE LA FRANCE

DES ORIGINES A 1830

CHOIX DE DISCOURS PRONONCÉS
DANS LES ASSEMBLÉES POLITIQUES FRANÇAISES
ÉTATS GÉNÉRAUX, CONSEILS, PARLEMENTS, CHAMBRES

RECUEILLIS ET ANNOTÉS

PAR

ALBERT CHABRIER

Ancien professeur de rhétorique au lycée Louis-le-Grand

PUBLIÉS AVEC UNE INTRODUCTION ET DES NOTICES
à l'usage des candidats au Brevet supérieur

PAR

M. PELLISSON

Inspecteur d'Académie.

———✦———

PARIS

LIBRAIRIE HACHETTE ET Cie

79, BOULEVARD SAINT-GERMAIN, 79

—

1902

BIBLIOTHÈQUE NATIONALE — R.F. — IMPÉS

EXTRAITS DES
ORATEURS POLITIQUES
DE LA FRANCE
DES ORIGINES A 1830

INTRODUCTION

I. *L'Éloquence politique avant 1789.* — Dans notre pays, même aux époques où il eut le moins de liberté, il n'y eut guère de moments où la parole publique fut complètement étouffée. Aussi a-t-on pu faire dater des origines mêmes l'histoire de l'éloquence politique en France.

Au temps de l'indépendance nationale, les Gaulois tenaient des assemblées et Caton reconnaissait leur vocation oratoire, quand il disait qu'ils avaient une double ambition : bien parler et se bien battre. Dans la société gallo-romaine, les cités jouissaient de libertés municipales assez étendues et qui comportent et supposent l'exercice de la parole. Plus tard, aux *Champs de Mai*, Pépin et Charlemagne prenaient conseil des grands et des hommes libres ; et, quand la féodalité s'éleva sur les ruines du pouvoir central, les barons et les chevaliers discutaient leurs affaires dans ces *parlements*, sorte d'assises semi-judiciaires, semi-politiques, où ils se réunissaient aux fêtes de l'année.

On voit ces germes, faibles encore, se développer avec rapidité et vigueur, lorsque la royauté, après avoir reconquis la France sur les grands feudataires, voulut que l'unité nationale reconstituée fût manifestée en quelque sorte par la convocation des États généraux. De 1302 à 1614, les États généraux occupent sur la scène politique une place de premier plan. Cette période, à peu près remplie par la guerre de Cent ans et les guerres de religion, durant laquelle la patrie fut presque constamment en péril et la royauté en détresse, offrit aux États l'occasion de jouer un grand rôle. C'est avec ardeur qu'ils s'en saisirent : « ils appliquaient leur contrôle au gouvernement tout entier; ils portaient l'œil et la main sur l'ensemble des services publics : la justice, l'armée, les finances, la paix et la guerre, les rapports du spirituel et du temporel, l'établissement des régences et des tutelles royales, la succession au trône et la dévolution de la couronne, les intérêts les plus considérables comme les plus hautes questions tombaient sous leur compétence et sollicitaient leur examen » [1].

De si grands objets devaient susciter le talent : sans nul doute ces anciennes assemblées entendirent de remarquables orateurs. Mais, comme on n'avait pas alors l'habitude du procès-verbal, la plupart des monuments de cette éloquence sont perdus pour nous. Pourtant le souvenir et la trace de certaines harangues ont survécu et l'on peut mentionner les noms de quelques-uns des tribuns de l'ancienne France. — Aux États de 1356 et 1357, après le désastre de Poitiers, Robert Le Coq, évêque de Laon, prononçait des discours agressifs, violents, séditieux, mais parfois soulevés et relevés par le souffle d'une indignation légitime, quand il dénonce les abus, vexations et dilapidations d'un gouvernement incapable. Un peu moins de cent ans après, en 1439, la France sort de son humiliation et de ses ruines grâce à l'habileté de Charles VII; pour achever l'œuvre de réorganisation le roi demande des subsides aux États; et, dans un beau langage, Jean Juvénal des Ursins, conjurant les députés d'assister ce roi qui a délivré la patrie, traduit avec force et gravité le sentiment monarchique qui est alors la forme vivante et l'expression populaire du patriotisme. L'Assemblée convoquée en 1483, au lendemain de la mort de Louis XI, avait à délibérer sur l'organisation du conseil de régence; au sortir d'un dur régime d'oppression, les âmes étaient frémissantes et avides de liberté; c'est alors que le Bourguignon Philippe Pot, seigneur de la Roche, député du tiers état, prononça un discours d'un mouvement rapide, d'une logique passionnée, d'une forme sobre et

---

1. C. Aubertin, *L'éloquence politique et parlementaire en France avant 1789*, Paris, Belin, 1882, in-8°.

énergique où il se faisait le hardi théoricien de la souveraineté du peuple [1]. Pour clore cette liste abrégée de nos anciens orateurs, il suffira de faire mention de Michel de L'Hospital [2], de Guillaume Du Vair [3], de Robert Miron [4], dont les noms sont éclairés par le plein jour de l'histoire.

Le régime de forte centralisation constitué par Richelieu ne pouvait s'accommoder des États généraux : de 1614 à 1789, il y eut comme une prorogation indéfinie de ces assemblées. On vit alors les corps parlementaires, surtout le Parlement de Paris, prétendre à recueillir leur héritage. Se fondant sur le droit de remontrance, qui leur avait été reconnu dès le XIVe siècle par des ordonnances royales, les membres du Parlement revendiquèrent l'honneur de contrôler, de limiter la royauté absolue. Leur opposition, il est vrai, fut le plus souvent illusoire. Elle suscita pourtant, surtout aux heures de crise, quelques hommes de beau caractère, quelques orateurs de noble talent. Mathieu Molé et Broussel [5], sont bien connus et l'on sait assez quel rôle ils jouèrent pendant la Fronde. On a moins gardé le souvenir de l'abbé Pucelle ; il serait pourtant injuste de ne pas faire figurer parmi les ancêtres de nos orateurs modernes cet infatigable adversaire de la bulle *Unigenitus*, c'est-à-dire de l'ultramontanisme, cet homme d'Église, ce magistrat, qui, pendant les quarante premières années du XVIIIe siècle, représente non sans éclat notre tradition de libéralisme politique et religieux.

II. *Les Orateurs de l'Assemblée Constituante et de la Législative.* — Si, en effet, les orateurs de nos assemblées révolutionnaires puisèrent leurs inspirations les plus hautes et les plus fortes dans les circonstances extraordinaires au milieu desquelles ils vécurent, il est vrai aussi qu'ils sont en quelque mesure les héritiers du passé que nous avons rapidement rappelé. M. Aulard, remarque que les formes dont ils se servent ont évidemment déjà été employées avant eux et que les remontrances du Parlement, répandues par-

1. Voir *Les Orateurs politiques de la France*, par A. Chabrier, p. 18, Paris, Hachette, in-8°.
2. Voir *Id.*, p. 49 et suiv.
3. *Id.*, p. 113 et suiv.
4. *Id.*, p. 170 et suiv.
5. *Id.*, p. 193 et suiv.

tout et lues avidement au xviiie siècle « sont d'un style noble et élevé qui, à coup sûr, mit à la mode la gravité et la dignité de l'éloquence » [1]. On voit que la chaîne ne se rompt pas.

Nous ne pouvons songer à apprécier, pas même à énumérer, les hommes de talent qui occupèrent alors la tribune française. Mais, pour permettre aux jeunes gens, qui devront lire et étudier les passages qui suivent, de les mieux *situer*, pour ainsi dire, nous croyons utile de grouper, suivant les opinions qu'ils défendirent, les noms de quelques-uns des représentants dont la parole eut le plus d'éclat à la Constituante et à la Législative.

A l'Assemblée Constituante, le parti de la Contre-Révolution, la droite, à côté des exagérés, des enfants perdus comme Mirabeau-Tonneau (1752-1792) et d'Espréménil (1746-1794), mettait en ligne des champions de haut mérite : tel l'abbé Maury (1746-1817), plein de ressources, mais trop enclin à la déclamation et au sophisme et qui, avec beaucoup de talent, « manquait de ce qui le vivifie, la vérité » ; tel Cazalès (1758-1805), qui, avec son caractère loyal, son intelligence nette, sa parole chaleureuse eût mérité d'être l'avocat d'une meilleure cause. Le centre comprenait des hommes, dévoués sans doute à la Révolution, mais qui attachaient son salut au maintien de Necker et dont l'idéal politique ne dépassait pas la constitution anglaise : ces *impartiaux*, ces *monarchiens*, comme on les appelait, Malouet (1740-1814), Mounier (1753-1805), Lally-Tollendal (1751-1830), Clermont-Tonnerre (1747-1792), apportaient à la tribune des qualités de haute tenue. Dans la gauche, on distinguait plusieurs groupes : d'abord les *constitutionnels*, Thouret (1746-1794), Chapelier (1754-1794), Target (1733-1807), Tronchet (1726-1806), Sieyès (1748-1836), La Fayette (1757-1834), légistes ou théoriciens politiques, qui, sans avoir des dons oratoires supérieurs, possédèrent à des degrés divers la logique, la précision, la méthode ; puis c'étaient les hommes du *triumvirat*, Duport (1759-1798), Lameth (1760-1829), Barnave (1761-1793), autour desquels se rangeaient une quarantaine de députés d'opinion avancée, avec lesquels votaient parfois les isolés de l'extrême gauche, Petion

---

1. Aulard, *Les Orateurs de la Constituante*, Paris, Hachette, in-8°.

(1753-1793), Buzot (1760-1793), Robespierre (1759-1794).
L'orateur le plus distingué de cette fraction fut Barnave à
qui son talent, malgré sa jeunesse, assura de l'autorité et
dont la parole, le plus souvent nette, élégante et nerveuse,
atteignit parfois à l'élévation et à l'ampleur. Enfin, en une
place unique, et comme en dehors des partis, Mirabeau
(1749-1791), par la puissance de son génie politique et les
merveilleuses ressources de ses facultés oratoires, exerça
sur l'Assemblée la dictature de l'éloquence.

En décrétant qu'aucun de ses membres ne pourrait faire
partie de la prochaine législature, la Constituante décou-
ronna l'Assemblée qui vint après elle. Pourtant si, à la
Législative, le parti modéré ne fut représenté que par des
hommes de valeur moyenne, Ramond, Vaublanc, Pastoret,
Beugnot, si la gauche extrême ne compta que des membres
obscurs encore, Bazire, Chabot, Merlin de Thionville, les
Girondins jetèrent souvent de l'éclat sur ses séances. Ce
parti avait à sa tête Vergniaud (1759-1793), Guadet (1759-1794),
Gensonné, et comptait aussi dans ses rangs Ducos (1765-
1793), Brissot (1754-1793), Isnard (1755-1830), etc. Ces
hommes, très jeunes pour la plupart, manquèrent de péné-
tration et de fermeté dans leurs vues politiques ; mais ils
étaient pleins d'ardeur et de générosité et leur éloquence
chaude, colorée, pathétique, fut parfois portée jusque sur les
sommets par la sincère inspiration de leur patriotisme.

Lorsqu'on a mis au programme du Brevet supérieur
quelques pages de Mirabeau et d'Isnard, il semble que l'on
a espéré que les candidats voudraient un jour faire plus
ample connaissance avec les monuments de la tribune
française. Nous souhaitons qu'ils ne trompent pas cet
espoir, et nous serions heureux d'avoir contribué à leur
faciliter le choix et le classement de leurs lectures.

DISCOURS DE MIRABEAU [1]

A LA NOBLESSE DE PROVENCE

La déclaration royale du 27 novembre 1788 avait arrêté, malgré l'avis de la seconde assemblée des notables, que les députés du tiers état aux États généraux seraient égaux en nombre aux députés de la noblesse et du clergé réunis : l'ouverture de la nouvelle Assemblée était fixée au 1er mai 1789.

Les ordres privilégiés furent très mécontents de la mesure qu'on appelait alors le *doublement du Tiers*. Aux États provinciaux de Provence, réunis en janvier 1789, la majorité de la noblesse résolut de protester contre les ordres de la

1. Mirabeau (Gabriel-Honoré de Riquetti, comte de), né en 1749, au Bignon (entre Sens et Nemours). Il fut d'abord officier ; se maria, s'endetta, fut enfermé dans diverses prisons. Au cours d'une vie orageuse il ne cessa de travailler, et se trouva prêt quand éclata la Révolution. Député du tiers état de Provence, il prit part à presque toutes les discussions, eut dans l'Assemblée une influence considérable ; grand orateur, il s'y montra aussi sage politique. Il mourut le 2 avril 1791. (Voir Sainte-Beuve, *Causeries du Lundi*, t. IV.)

« Le plus audacieux des chefs populaires, celui qui, toujours en avant, ouvrait les délibérations les plus hardies, était Mirabeau. Les absurdes institutions de la vieille monarchie avaient blessé des esprits justes et indigné des cœurs droits ; mais il n'était pas possible qu'elles n'eussent froissé quelque âme ardente et irrité de grandes passions. Cette âme fut celle de Mirabeau qui, rencontrant dès sa naissance tous les despotismes, celui de son père, du gouvernement et des tribunaux, employa sa jeunesse à les combattre et à les haïr. Il était né sous le soleil de la Provence, et issu d'une famille noble. De bonne cour et prétendit que les États de Provence avait le droit de nommer les députés aux États généraux. Mirabeau, qui avait été convoqué à ces réunions, entreprit, dans un discours prononcé le 30 janvier, de démontrer que cette opposition et ces prétentions étaient inutiles et illégitimes. Malgré son origine patricienne, il se faisait résolument le champion du tiers état.

Immédiatement, il devint très populaire dans toute la Provence; à Aix, les jeunes gens de la classe moyenne lui faisaient une garde d'honneur; à Marseille, le peuple dételait sa voiture et le portait en triomphe. Mais, en même temps, la noblesse et le clergé rédigeaient une Protestation contre son discours, le dénonçaient comme un ennemi de la paix publique, qui voulait renverser l'antique constitution du royaume et introduire des innovations subversives. Mirabeau se préparait à répondre à ces accusations quand, par mesure de prudence, le gouverneur, M. de Caraman, prorogea la session des États de Provence. Mirabeau fit alors imprimer le discours qu'il ne pouvait prononcer et qui révéla sa souveraine éloquence.

. . . .

Mais un mot suffit : j'atteste le procès-verbal, dont la rédaction sera exacte; la déclaration soudaine et

heure il s'était fait connaître par ses désordres, ses querelles et une éloquence emportée. Ses voyages, ses observations, ses immenses lectures, lui avaient tout appris, et il avait tout retenu. Mais, outré, bizarre, sophiste même quand il n'était pas soutenu par la passion, il devenait tout autre par elle. Promptement excité par la tribune et la présence de ses contradicteurs, son esprit s'enflammait; d'abord ses premières vues étaient confuses, ses paroles entrecoupées; ses chairs palpitantes; mais bientôt venait la lumière : alors son esprit faisait en un instant le travail des années, et à la tribune même tout était pour lui découverte, expression vive et soudaine. Contrarié de nouveau, il revenait plus pressant et plus clair, et présentait la vérité en images frappantes ou terribles. Les circonstances étaient-elles difficiles, les esprits fatigués d'une longue discussion ou intimidés par le danger, un cri, un mot décisif s'échappait de sa bouche; sa tête se montrait effrayante de laideur et de génie, et l'Assemblée, éclairée ou raffermie, rendait des lois ou prenait des résolutions magnanimes. (Thiers, *Révolution française*, t. Ier.) — Voir Timon, *Livre des orateurs : Mirabeau*.

solennelle des députés du tiers, leur vigoureux élan au moment où l'on n'a pas rougi de me dénoncer; l'ardeur avec laquelle ils ont revendiqué l'honneur d'avoir porté les premiers mon vœu. Qu'ai-je donc fait de si coupable? J'ai désiré que mon ordre fût assez habile pour donner aujourd'hui ce qui lui sera infailliblement arraché demain; j'ai désiré qu'il s'assurât le mérite et la gloire de provoquer l'assemblée des trois ordres que toute la Provence demande à l'envi.

Voilà le crime de l'ennemi de la paix! ou plutôt j'ai cru que le peuple pouvait avoir raison.... Ah! sans doute un patricien souillé d'une telle pensée mérite des supplices! Mais je suis bien plus coupable qu'on ne le suppose; car je crois que le peuple qui se plaint a toujours raison, que son infatigable patience attend constamment les derniers excès de l'oppression pour se résoudre à la résistance; qu'il ne résiste jamais assez longtemps pour obtenir la réparation de tous ses griefs; qu'il ignore trop que, pour se rendre formidable à ses ennemis, il lui suffirait de rester immobile; et que le plus innocent comme le plus invincible des pouvoirs est celui de refuser à faire. Je pense ainsi : punissez l'ennemi de la paix.

Mais vous, ministres d'un Dieu de paix, qui, institués pour bénir et non pour maudire, avez lancé sur moi l'anathème, sans daigner même essayer de me ramener à d'autres maximes! Et vous, amis de la paix, qui dénoncez au peuple avec la véhémence de la haine le seul défenseur qu'il ait trouvé hors de son sein; qui, pour cimenter la concorde, remplissez la capitale et la province de placards propres à armer le peuple des campagnes contre celui des villes, si vos faits ne réfutaient pas vos écrits; qui, pour préparer les voies de conciliation, protestez contre le règlement provisoire de convocation des États généraux, parce qu'il donne au peuple un nombre de députés égal à ceux des deux ordres réunis, et contre tout ce que fera l'assemblée nationale, si ses décrets n'assurent pas le triomphe de vos prétentions, l'éternité de vos privilèges ! Généreux amis de la paix, j'interpelle ici votre honneur, et je vous somme de déclarer quelles expressions de mon discours ont attenté au respect dû à l'autorité royale ou aux droits de la nation.

Nobles provençaux, l'Europe est attentive, pesez votre réponse. Hommes de Dieu, prenez garde : Dieu vous écoute.

Que si vous gardez le silence, si vous vous renfermez dans les vagues déclamations que vous avez lancées contre moi, souffrez que j'ajoute un mot : Dans tous les pays, dans tous les âges, les aristocrates ont implacablement poursuivi les amis du peuple ; et si, par je je ne sais quelle combinaison de la fortune, il s'en est élevé quelqu'un dans leur sein, c'est celui-là surtout qu'ils ont frappé, avides qu'ils étaient d'inspirer la terreur par le choix de la victime. Ainsi périt le dernier des Gracques de la main des patriciens ; mais, atteint du coup mortel, il lança de la poussière vers le ciel, en attestant les dieux vengeurs ; et de cette poussière naquit Marius, Marius moins grand pour avoir exterminé les Cimbres que pour avoir abattu dans Rome l'aristocratie de la noblesse.

Mais vous, Communes, écoutez celui qui porte vos applaudissements dans son cœur sans en être séduit. L'homme n'est fort que par l'union, il n'est heureux que par la paix. Soyons fermes, et non pas opiniâtres ; courageux, et non pas tumultueux ; libres, mais non pas indisciplinés ; sensibles, mais non pas enthousiastes. Ne vous arrêtez qu'aux difficultés importantes, et soyez alors entièrement inflexibles ; mais dédaignez les contentions de l'amour-propre, et ne mettez jamais en balance un homme et la patrie. Surtout hâtez autant qu'il est en vous l'époque de ces États généraux qu'on vous accuse d'autant plus âprement de reculer qu'on en redoute davantage les résultats ; de ces États généraux où tant de prétentions seront déjouées, tant de droits rétablis, tant de maux réparés ;

de ces États généraux enfin où le monarque lui-même désire que la France se régénère.

Pour moi qui, dans ma carrière publique, n'ai jamais craint que d'avoir tort; moi qui, enveloppé de ma conscience et armé de principes, braverais l'univers : soit que mes travaux et ma voix vous soutiennent dans l'assemblée nationale, soit que mes vœux seuls vous y accompagnent, de vaines clameurs, des protestations injurieuses, des menaces ardentes, toutes les convulsions, en un mot, des préjugés expirants, ne m'en imposeront pas. Eh! comment s'arrêterait-il aujourd'hui dans sa course civique celui qui, le premier d'entre les Français, a professé hautement ses opinions sur les affaires nationales, dans un temps où les circonstances étaient bien moins urgentes et la tâche bien plus périlleuse? Non les outrages ne lasseront pas ma constance; j'ai été, je suis, je serai jusqu'au tombeau l'homme de la liberté publique, l'homme de la constitution. Malheur aux ordres privilégiés, si c'est là plutôt être l'homme du peuple que celui des nobles! car les privilèges finiront, mais le peuple est éternel.

DISCOURS DE MIRABEAU

SUR LA CONTRIBUTION DU QUART

Malgré son habileté, Necker n'avait pu remédier à la détresse des finances. « Les impôts étaient réduits ou abolis et ils ne produisaient presque rien à cause de la difficulté de leur perception. Il devenait inutile de recourir à la conscience publique qui refusait ses secours; et, en septembre 1789, Necker avait proposé, comme unique moyen, une contribution extraordinaire du quart du revenu, une fois payé. Chaque citoyen devait le fixer lui-même en employant cette formule de serment si simple et qui peint si bien ces premiers temps de loyauté et de patriotisme : Je déclare avec vérité. »

Lorsque l'Assemblée fut appelée à discuter sur cette proposition, sorte de remède héroïque, les députés éprouvèrent une très grande perplexité et la discussion fut d'abord pleine de confusion et d'obscurité. C'est alors que Mirabeau qui, dès longtemps, s'était posé en adversaire du ministre des finances, qui avait combattu ses projets et blâmé plusieurs de ses mesures dans divers mémoires et pamphlets, mais qui, avec son intelligence rapide des situations et son clair sentiment de l'intérêt public, comprenait l'urgence des circonstances présentes, arracha à l'Assemblée son approbation pour la proposition de Necker et lui fit décerner « une véritable dictature financière ».

Messieurs, au milieu de tant de débats tumultueux, ne pourrai-je donc pas ramener à la délibération du jour par un petit nombre de questions bien simples? Daignez, messieurs, daignez me répondre.

Le premier ministre des finances ne vous a-t-il pas offert le tableau le plus effrayant de votre situation actuelle?

Ne vous a-t-il pas dit que tout délai aggravait le péril? qu'un jour, une heure, un instant pouvaient le rendre mortel?

Avons-nous un plan à substituer à celui qu'il nous propose? *Oui*, a crié quelqu'un dans l'Assemblée. Je conjure celui qui répond *oui* de considérer que son plan n'est pas connu, qu'il faut du temps pour le développer, l'examiner, le démontrer; que, fût-il immédiatement soumis à notre délibération, son auteur a pu se tromper; que fût-il exempt de toute erreur, on peut croire qu'il s'est trompé; que, quand tout le monde a tort, tout le monde a raison; qu'il se pourrait donc que l'auteur de cet autre projet, même en ayant raison, eût tort contre tout le monde, puisque, sans l'assentiment de l'opinion publique, le plus grand talent ne saurait triompher des circonstances. Et moi aussi je ne crois pas les moyens de M. Necker les meilleurs possibles; mais le ciel me préserve, dans une situation si critique, d'opposer les miens aux siens. Vainement je les tiendrais pour préférables : on ne *rivalise* pas en un instant une popularité prodigieuse, conquise par des services éclatants, une longue expérience, la réputation du premier talent de financier connu, et, s'il faut tout dire, des hasards, une destinée telle n'échut en partage à aucun autre mortel. Il faut donc en revenir au plan de M. Necker.

Mais avons-nous le temps de l'examiner, de sonder ses bases, de vérifier ses calculs? Non, non, mille fois non. D'insignifiantes questions, des conjectures hasardées, des tâtonnements infidèles, voilà tout ce qui, dans ce moment, est en notre pouvoir. Qu'allons-nous donc faire pour le renvoi de la délibération? Manquer le moment décisif, acharner notre amour-propre à changer quelque chose à un ensemble que nous n'avons pas même conçu, et diminuer par notre intervention indiscrète l'influence d'un ministre dont le crédit financier est et doit être plus grand que le nôtre.... Messieurs, certainement il n'y a là ni sagesse, ni prévoyance, mais du moins y a-t-il de la bonne foi?

Oh! si des déclarations moins solennelles ne garantissaient pas notre respect pour la foi publique, notre horreur pour l'*infâme mot de banqueroute*, j'oserais scruter les motifs secrets, et peut-être, hélas! ignorés de nous-mêmes, qui nous font si imprudemment reculer au moment de proclamer l'acte d'un grand dévouement, certainement inefficace s'il n'est rapide et vraiment abandonné. Je dirais à ceux qui se familiarisent peut-être avec l'idée de manquer aux engagements publics, par la crainte de l'excès des sacrifices, par la terreur de l'impôt : « Qu'est-ce donc que la banqueroute, si ce n'est le plus cruel, le plus inique, le plus inégal, le plus désastreux des impôts? »

Mes amis, écoutez un mot, un seul mot.

Deux siècles de déprédations et de brigandages ont creusé le gouffre où le royaume est près de s'engloutir. Il faut le combler, ce gouffre effroyable. Eh bien! voici la liste des propriétaires français. Choisissez parmi les riches afin de sacrifier moins de citoyens. Mais choisissez; car ne faut-il pas qu'un petit nombre périsse pour sauver la masse du peuple? Allons, ces deux mille notables possèdent de quoi combler le déficit. Ramenez l'ordre dans vos finances, la paix et la prospérité dans le royaume. Frappez, immolez sans pitié ces tristes victimes; précipitez-les dans l'abîme, il va se refermer.... Vous reculez d'horreur.... Hommes inconséquents! hommes pusillanimes! Eh! ne voyez-vous pas qu'en décrétant la banqueroute, ou, ce qui est plus odieux encore, en la rendant inévitable sans la décréter, vous vous souillez d'un acte mille fois plus criminel, et, chose inconcevable, gratuitement criminel; car enfin cet horrible sacrifice ferait du moins disparaître le déficit. Mais croyez-vous, parce que vous n'aurez pas payé, que vous ne devrez plus rien?

Croyez-vous que les milliers, les millions d'hommes qui perdront en un instant, par l'explosion terrible ou par ses contre-coups, tout ce qui faisait la consolation de leur vie, et peut-être leur unique moyen de la sustenter, vous laisseront paisiblement jouir de votre crime? Contemplateurs stoïques des maux incalculables que cette catastrophe vomira sur la France, impassibles égoïstes, qui pensez que ces convulsions du désespoir et de la misère passeront comme tant d'autres, et d'autant plus rapidement qu'elles seront plus violentes, êtes-vous bien sûrs que tant d'hommes sans pain vous laisseront tranquillement savourer les mets dont vous n'aurez voulu diminuer ni le nombre ni la délicatesse?... Non, vous périrez; et dans la conflagration universelle que vous ne frémissez pas d'allumer, la perte de votre honneur ne sauvera pas une seule de vos détestables jouissances.

Voilà où nous marchons. J'entends parler de patriotisme, d'élans du patriotisme, d'invocations du patriotisme. Ah! ne prostituez pas ces mots de patrie et de patriotisme. Il est donc bien magnanime l'effort de donner une portion de son revenu pour sauver tout ce qu'on possède. Eh! messieurs, ce n'est là que de la simple arithmétique, et celui qui hésitera ne peut désarmer l'indignation que par le mépris que doit inspirer sa stupidité. Oui, messieurs, c'est la prudence la plus ordinaire, la sagesse la plus triviale, c'est votre intérêt le plus grossier que j'invoque. Je ne vous dis plus comme autrefois : Donnerez-vous les premiers aux nations le spectacle d'un peuple assemblé pour manquer à la foi publique? Je ne vous dis plus : Eh! quels titres avez-vous à la liberté? Quels moyens vous resteront pour la maintenir, si dès votre premier pas vous surpassez les turpitudes des gouvernements les plus corrompus, si le besoin de votre concours et de votre surveillance n'est pas le garant de votre constitution? Je vous dis : vous serez tous entraînés dans la ruine universelle; et les premiers intéressés au sacrifice que le gouvernement vous demande, c'est vous-mêmes.

Votez donc ce subside extraordinaire qui puisse-t-il être suffisant! Votez-le parce que, si vous avez des doutes sur les moyens (doutes vagues et non éclaircis), vous n'en avez pas sur sa nécessité et sur notre impuissance à le remplacer immédiatement du moins. Votez-le parce que les circonstances publiques ne souffrent aucun retard, et que nous serions comptables de tout délai. Gardez-vous de demander du temps, le malheur n'en accorde jamais.... Eh! messieurs, à propos d'une ridicule motion du Palais-Royal, d'une risible insurrection qui n'eut jamais d'importance que dans les imaginations faibles ou les desseins pervers de quelques hommes de mauvaise foi, vous avez entendu naguère ces mots forcenés : Catilina est aux portes de Rome, et l'on délibère! Et certes, il n'y avait autour de nous ni Catilina, ni périls, ni factions, ni Rome[1].... Mais aujourd'hui la banqueroute, la hideuse banqueroute est là; elle menace de consumer vous, vos propriétés, votre honneur,... et vous délibérez!

Ce discours détermina le décret suivant, rédigé par Mirabeau :

Vu l'urgence des circonstances, et ouï le rapport du comité des finances, l'Assemblée nationale accepte de confiance le plan de M. le premier ministre des finances.

1. On croyait que Mirabeau était à la tête d'un parti qui voulait changer l'ordre de la succession au trône. Et c'était au Palais-Royal que se réunissaient les membres de ce complot. Or, dans une séance de l'Assemblée nationale où il avait été question d'arrêter ces désordres, un député du tiers état, Goupil de Préfeln, avait paru à la tribune et, indiquant Mirabeau, s'était écrié : « Vous délibérez et Catilina est aux portes de Rome; il menace le Sénat ». Il faut ajouter que cette sortie avait produit très peu d'effet.

DISCOURS D'ISNARD [1]

SUR L'ÉMIGRATION

L'Assemblée législative, ouverte le 30 septembre 1791, eut, dès ses débuts, à défendre la Révolution et la France contre un péril extérieur qui les menaçait. Les deux frères du roi, les princes de Condé et de Bourbon, avaient protesté contre l'acceptation de l'acte constitutionnel par Louis XVI, et leur protestation, répandue dans tout le pays, avait produit un grand effet sur leurs partisans. Une foule de nobles passaient la frontière et il se formait à Bruxelles, à Worms, à Coblentz, avec la connivence des autorités de ces pays, des attroupements, des enrôlements pour préparer la Contre-Révolution. On avait de bonnes raisons pour croire que ce mouvement était encouragé par la Suède, la Russie et l'Espagne. De plus, les prêtres non assermentés ne négligeaient rien pour opérer une diversion utile aux émigrés en fomentant des troubles à l'intérieur.

L'Assemblée législative résolut de parer à ces dangers : par un décret du 30 octobre 1791, le frère aîné du roi fut requis de rentrer en France dans le délai de deux mois sous peine d'être déchu de ses droits à la régence; le 9 novembre, les Français assemblés au delà des frontières furent déclarés suspects de conjuration contre la patrie et passibles de la peine de mort s'ils étaient encore en état de

---

1. *Isnard* (Maximin), né vers 1755 à Grasse, député du Var à l'Assemblée législative et à la Convention, siégea avec les Girondins, dont il exagéra les principes, et qu'il compromit souvent par les excès de son éloquence méridionale. Il échappa à la proscription de son parti et se retira à Grasse, où il mourut en 1830. (Voir Lamartine, *Histoire des Girondins*. — Thiers, *Révolution française*, etc.)

rassemblement au 1er janvier 1792. A ce second décret le roi mit son *veto* et c'est alors que, dans la séance du 29 novembre, le comité diplomatique de l'Assemblée fit une proposition dont voici le texte : « l'Assemblée nationale, après avoir entendu le rapport de son comité diplomatique, considérant que les rassemblements, les attroupements, les enrôlements de fugitifs français que favorisent les princes de l'Empire dans les cercles du Haut et Bas-Rhin... sont une contravention manifeste aux lois de l'Empire qui ne saurait se concilier avec l'amitié et le bon voisinage que la nation française désirerait entretenir avec les puissances germaniques, décrète que le pouvoir exécutif sera chargé de prendre les mesures les plus efficaces et les plus promptes pour forcer les princes de l'Empire à dissoudre les rassemblements suspects formés sur leur territoire et à dissoudre les enrôlements qui s'y font. » C'est cette proposition que soutint Isnard avec sa fougueuse éloquence.

Messieurs, l'intérêt, la dignité de la nation exigent que nous adoptions les mesures proposés par M. Daverhoult et amendées par le rapporteur du comité diplomatique. Le véritable intérêt national est de raffermir enfin la constitution sur sa base, de faire cesser l'état d'inquiètude, d'indécision, de dépense, de discrédit qui mine la France, et rend tous les citoyens malheureux; enfin, de ramener bientôt la tranquillité publique, non pas cette tranquillité éphémère et factice qui n'est dans le drame de la Révolution que le repos de l'entr'acte, mais cette tranquillité solide et durable qui ne commence jamais que là où finissent les événements.

Or tout cela ne peut s'obtenir qu'en combattant au plus tôt les ennemis qui nous tourmentent. Quand même les émigrés ne songeraient pas à nous attaquer, il suffit qu'ils soient rassemblés d'une manière hostile, et que ce rassemblement nous retienne dans l'état que j'ai dépeint, pour qu'il nous importe de les dissiper par les armes, et de marcher au dénouement : le projet de décret qui vous est proposé tend à le hâter; il est donc utile sous ce rapport.

Ce n'est pas assez que d'en venir aux prises avec l'ennemi : il faut que toutes nos démarches tendent à assurer nos succès, et le projet de décret de M. Daverhoult se rapporte encore à ce but.

En effet, puisqu'il est démontré qu'il nous faut combattre, n'est-il pas de notre intérêt, quels que soient nos ennemis, quelles que soient leurs alliances secrètes, d'entrer dans la lice avec une fierté courageuse ? Tout combattant qui montre de la crainte rehausse le courage de son adversaire et s'avoue presque vaincu ; mais celui qui le provoque avec fermeté en impose à l'ennemi, et la victoire, compagne du courage, se plaît à le favoriser.

M. Daverhoult nous propose d'inviter le roi à parler avec autorité à tous les petits princes d'outre-Rhin chez qui se forme le rassemblement des émigrés. L'intérêt national commande cette mesure, parce que de deux choses l'une : ou les émigrés ne sont soutenus que par les princes qui leur donnent asile, ou bien d'autres puissances du premier ordre sont décidées à nous faire la guerre : dans le premier cas, le parti que nous avons à combattre est si faible qu'il convient d'exiger impérativement la dispersion des émigrés ; dans le second cas, la mesure proposée est encore convenable, parce que la fermeté de nos résolutions contribuera à nous faire bientôt connaître toutes les puissances que nous aurons à combattre, ce qui sera plus avantageux que de les laisser paisiblement exécuter le plan qu'elles méditent et faire jouer leur mine dans le moment fatal marqué par leur politique....

Et qu'on ne me dise pas qu'en réclamant avec fermeté des princes étrangers ce qu'exige le droit des gens, nous pouvons par cette conduite indisposer tout le corps germanique et provoquer l'agression des puissances supérieures ! Non, messieurs ; ce que nous demandons étant juste ne changera rien aux résolutions des autres gouvernements ; ces résolutions sont indépendantes du décret que vous allez porter ; c'est l'intérêt et la politique qui les ont inspirées, parce que ce sont ces ressorts qui font tout mouvoir dans les cours. Tout prince qui sera persuadé qu'il lui convient de vous faire la guerre vous la fera; les prétextes ne manquent jamais aux rois qui veulent combattre : notre Révolution leur en fournirait mille. Notre démarche, loin de faire déclarer les grandes puissances contre nous, sera propre à les déterminer à la neutralité; et peut-être telle qui médite de nous combattre parce qu'elle croit que nous ne pouvons pas nous défendre, fera des réflexions nouvelles lorsqu'elle verra que nous osons attaquer. C'est ainsi que, sous tous les rapports, la mesure proposée me paraît utile; mais, si elle est conseillée par l'intérêt public, elle est commandée par ce que nous devons à la dignité de la nation.

Le Français est devenu le peuple le plus marquant de l'univers; il faut que sa conduite réponde à sa nouvelle destinée. Esclave, il fut intrépide et grand; libre, serait-il faible et timide? Sous Louis XIV, le plus fier des despotes, il lutta avec avantage contre une partie de l'Europe; aujourd'hui, que ses bras sont déchaînés, craindrait-il l'Europe entière? (*Applaudissements réitérés.*) Traiter tous les peuples en frères, respecter leur repos, mais exiger d'eux les mêmes égards; ne faire aucune insulte, mais n'en souffrir et n'en pardonner aucune; ne tirer le glaive qu'à la voix de la justice, mais ne le refermer qu'au chant de la victoire; renoncer à toute conquête, mais vaincre quiconque voudrait le conquérir; fidèle dans ses engagements, mais forçant les autres à remplir les leurs; généreux, magnanime dans toutes ses actions, mais terrible dans ses justes vengeances; enfin toujours prêt à combattre, à mourir, à disparaître même tout entier du globe plutôt que de se laisser remettre aux fers; voilà, je crois, quel doit être le caractère du Français devenu libre! Ce peuple se couvrirait d'une honte ineffaçable si son premier pas dans la brillante carrière que je vois s'ouvrir devant lui était marqué par la lâcheté : je voudrais

que ce pas fût tel, qu'il étonnât les nations, leur
donnât la plus sublime idée de l'énergie de notre
caractère, leur imprimât un long souvenir, consolidât
à jamais la Révolution, et fît époque dans l'histoire!
Et ne croyez pas, messieurs, que notre position du
moment s'oppose à ce que la France puisse, au besoin,
frapper les plus grands coups! « On se trompe, dit
Montesquieu, si l'on croit qu'un peuple qui est en état
de révolution pour la liberté est disposé à être conquis ;
il est prêt au contraire à conquérir les autres. » Et cela
est très vrai, parce que l'étendard de la liberté est
celui de la victoire, et que les temps de révolution sont
ceux de l'oubli des affaires domestiques en faveur de
la chose publique, du sacrifice des fortunes, des dévoue-
ments généreux, de l'amour de la patrie, de l'enthousiasme guerrier! Ne craignez donc pas, messieurs, que
l'énergie du peuple ne réponde point à la vôtre; craî-
gnez au contraire qu'il ne se plaigne que vos décrets
ne correspondent pas à tout son courage.

Si la guerre dont on nous menace n'était relative
qu'à des intérêts pécuniaires, nous pourrions alors
attendre les événements et faire de très grands sacrifices pour épargner le sang des citoyens ; mais dans la
circonstance actuelle toute idée de capitulation serait
un crime de lèse-patrie! Qui sont en effet les adver-
saires qui nous menacent? Ce sont les ennemis de
notre Constitution sacrée. Que prétendent-ils? Ils
veulent, par la faim, le fer et le feu, nous ravir la
liberté, augmenter la prérogative royale, ressusciter les
parlements et ramener la noblesse. Quoi! nous ravir
la liberté, cet héritage céleste, plus précieux que la
vie!... Augmenter la prérogative du roi! Et que vou-
draient-ils donc y ajouter? Augmenter le pouvoir du
roi, d'un homme dont la volonté peut paralyser celle
de toute la nation, d'un homme qui reçoit trente millions tandis que des milliers d'autres citoyens meurent
dans la détresse!... (*Vifs applaudissements des tribunes;
murmures dans l'Assemblée.*) Quoi! ressusciter les par-

lements, ces corps orgueilleux, sanguinaires, qui achetaient le droit de vendre la justice!... Ramener la noblesse! Ce seul mot doit indigner tout homme qui apprécie la dignité de son être. Ramener la noblesse! Ah! plutôt s'ensevelir mille fois sous les décombres de cette enceinte! Mais non; dussent tous les nobles de la terre nous assaillir, ce temple ne s'écroulera pas; du haut de cette tribune nous électriserons tous les Français; les plus froids s'embraseront des flammes de notre patriotisme; tous, versant d'une main leur or tenant le fer de l'autre, combattront cette race orgueilleuse, et la forceront d'endurer le supplice de l'égalité!... L'égalité et la liberté sont devenues au Français aussi nécessaires que l'air qu'il respire; souffririez-vous, messieurs, que quelque puissance au monde les lui ravît? Non, nous ne tromperons pas ainsi la confiance du peuple! Élevons-nous dans cette circonstance à toute la hauteur de notre mission; parlons à nos ministres, à notre roi, à l'Europe, le langage qui convient aux représentants de la France! Disons aux ministres que jusqu'ici la nation n'est pas très satisfaite de leur conduite; que désormais ils n'ont qu'à choisir entre la reconnaissance publique ou la vengeance des lois; que ce n'est pas en vain qu'ils oseraient se jouer d'un grand peuple, et que par le mot *responsabilité* nous entendons *la mort!* Disons au roi qu'il est de son intérêt, de son très grand intérêt de défendre de bonne foi la Constitution; que sa couronne tient à la conservation de ce palladium! Disons-lui qu'il n'oublie jamais que ce n'est que par le peuple et pour le peuple qu'il est roi, que la nation est son souverain, et qu'il est sujet de la loi. Disons à l'Europe que les Français voudraient la paix; mais que, si on les force de tirer l'épée, ils en jetteront le fourreau bien loin, et n'iront le chercher que couronnés du laurier de la victoire, et que, quand même ils seraient vaincus, leurs ennemis ne jouiraient pas du triomphe, parce qu'ils ne régneraient que sur des cadavres!

Disons à l'Europe que nous respecterons toutes les constitutions des divers empires ; mais que si les cabinets des cours étrangères tentent de susciter une guerre des rois contre la France, nous leur susciterons une guerre des peuples contre les rois ! Disons-lui que dix millions de Français, embrasés du feu de la liberté, armés du glaive de la raison, de l'éloquence, pourraient seuls, si on les irrite, changer la face du monde, et faire trembler tous les tyrans sur leurs trônes ! Enfin disons-lui que tous les combats que se livrent les peuples par ordre des despotes.... (*Les applaudissements ne discontinuent pas; l'Assemblée est dans une grande agitation.*) Je demande du silence ; n'applaudissez pas, messieurs, n'applaudissez pas ; respectez mon enthousiasme ; c'est celui de la liberté ! Disons-lui que les combats que se livrent les peuples par ordre des despotes ressemblent aux coups que deux amis, excités par un instigateur perfide, se portent dans l'obscurité ; le jour vient-il à paraître, ils jettent leurs armes, s'embrassent, et se vengent de celui qui les trompait ! De même si, au moment que les armées ennemies lutteront avec les nôtres, le jour de la philosophie frappe leurs yeux, les peuples s'embrasseront à la face des tyrans détrônés, de la terre consolée et du ciel satisfait ! (*La salle retentit d'applaudissements.*) Je conclus par demander que l'Assemblée adopte à l'unanimité (*on rit*) le projet de décret proposé : je dis à l'unanimité parce que ce n'est que par cet accord parfait des représentants de la nation que nous parviendrons à inspirer aux Français une entière confiance, à les réunir tous dans un même esprit, à en imposer sérieusement à tous nos ennemis, et à prouver que, lorsque la patrie est en danger, il n'existe qu'une volonté dans l'Assemblée nationale [1].

---

1. Ce discours eut un succès extraordinaire. Interrompu par les plus vifs applaudissements, il excita le plus grand enthousiasme. Sans doute votre goût y réprouve de l'exubérance et de

la déclamation, des éclats fanfarons mêlés à une sentimentalité surannée; mais qu'on tienne compte des circonstances, de l'irritation causée par les menées des émigrés, du tempérament de l'orateur, de sa passion pour la liberté, de sa conviction, et l'on comprendra que cette parole ardente et forcenée, mais sincère, répondît aux sentiments du public et de l'Assemblée. Ne sourions pas de ce qu'il y a d'excessif dans un langage qui, en somme, traduit fidèlement l'exaltation du patriotisme. Enfin, les défauts mêmes de ce discours nous serviront à apprécier les beautés éternelles de l'éloquence vraie, simple, grande, celle qui ne craint rien du temps et des changements.

TABLE DES MATIÈRES

BIBLIOTHÈQUE NATIONALE
R.F.
IMPRIMÉS

Librairie HACHETTE et C¹ᵉ, 79, boul. St-Germain, Paris.

G. LANSON

Maître de conférences à l'École normale supérieure

HISTOIRE

DE LA

LITTÉRATURE FRANÇAISE

DEPUIS SES ORIGINES JUSQU'A NOS JOURS

Sixième édition revue et corrigée

1 volume in-16, broché. . . 4 fr. Cartonné toile. . 4 fr. 50

Cette nouvelle *Histoire de la Littérature française*, sans diminuer la place due aux seizième, dix-septième et dix-huitième siècles, contient une étude approfondie des œuvres littéraires du moyen âge et présente, pour la première fois, un tableau complet du dix-neuvième siècle. On y suivra le développement de la littérature française depuis les origines jusqu'à la plus présente actualité. Les principaux tempéraments d'écrivains sont définis en leur individualité en même temps que l'enchaînement des œuvres est marqué dans l'évolution continue des genres; des *tableaux chronologiques* rendent sensibles tous les accidents de cette évolution. Ce livre sera d'un bon secours pour les élèves de lycées et les étudiants des Facultés qui ont des examens à préparer; mais il est destiné aussi à faire de l'étude de la Littérature française un instrument de culture intellectuelle et morale. L'auteur a voulu donner le goût de lire et non les moyens de ne pas lire les chefs-d'œuvre de notre littérature. Une *bibliographie* succincte et substantielle, faisant connaître les principales éditions et les principaux ouvrages à consulter pour chaque auteur, aidera le lecteur à pousser ses lectures et son étude aussi loin que sa curiosité l'y portera.

Du même auteur .

CONSEILS SUR L'ART D'ÉCRIRE, principes de composition et de style. 1 vol. in-16, cart. toile. . . . . . 2 fr. 50

ÉTUDES PRATIQUES DE COMPOSITION FRANÇAISE, sujets préparés et commentés pour servir de complément aux *Conseils sur l'art d'écrire.* 1 vol. in-16, cart. toile. 2 fr.

Librairie HACHETTE et Cⁱᵉ, 79, boul. St-Germain, Paris.

LITTRÉ ET BEAUJEAN

ABRÉGÉ

DU

DICTIONNAIRE DE LA LANGUE FRANÇAISE

CONTENANT

TOUS LES MOTS QUI SE TROUVENT DANS LE DICTIONNAIRE
DE L'ACADÉMIE FRANÇAISE

PLUS

Un grand nombre de néologismes et de termes de sciences et d'art

AVEC L'INDICATION DE LA PRONONCIATION,
DE L'ÉTYMOLOGIE ET L'EXPLICATION DES LOCUTIONS PROVERBIALES
ET DES DIFFICULTÉS GRAMMATICALES

DIXIÈME ÉDITION

*Entièrement refondue et conforme pour l'orthographe à la dernière édition
du Dictionnaire de l'Académie française.*

AVEC UN SUPPLÉMENT HISTORIQUE, BIOGRAPHIQUE ET GÉOGRAPHIQUE

Un volume grand in-8 de 1300 pages, broché. . . . . 13 fr. »
   Cartonnage toile. . . . . 14 fr. 50
   Relié en demi-chagrin. . . . . 17 fr. »

PETIT

DICTIONNAIRE UNIVERSEL

EXTRAIT DE

L'ABRÉGÉ DU DICTIONNAIRE DE LA LANGUE FRANÇAISE

AVEC UNE PARTIE MYTHOLOGIQUE, HISTORIQUE, BIOGRAPHIQUE
ET GÉOGRAPHIQUE FONDUE ALPHABÉTIQUEMENT AVEC LA PARTIE FRANÇAISE

DIXIÈME ÉDITION

*Conforme pour l'orthographe à la septième et dernière édition
du Dictionnaire de l'Académie française*

Un volume in-16 de 912 pages, cartonnage classique. 2 fr. 50
Le même ouvrage, cartonnage toile rouge. . . . . . . 3 fr. »

Librairie **HACHETTE** et Cie, 79, boul. St-Germain, Paris.

COURS

DE

GRAMMAIRE FRANÇAISE

rédigé conformément aux programmes

DE L'ENSEIGNEMENT PRIMAIRE SUPÉRIEUR
DE L'ENSEIGNEMENT SECONDAIRE MODERNE
ET DE L'ENSEIGNEMENT SECONDAIRE DES JEUNES FILLES

PAR

A. BRACHET	J. DUSSOUCHET
Lauréat de l'Académie française et de l'Académie des Inscriptions	Agrégé des classes de grammaire Professeur au lycée Henri IV

Grammaire française complète, comprenant, outre la grammaire proprement dite, une syntaxe complète, une histoire de la langue, des notions d'étymologie usuelle et de prosodie. 1 vol. in-16, cartonnage toile . . . . 2 fr.
Exercices sur la Grammaire française complète. 1 volume in-16, cartonnage toile. . . . . 1 fr. 80 c.
Corrigés des Exercices sur la Grammaire française complète, et Exercices complémentaires avec Corrigés. Livre du maître. 1 volume in-16, cartonnage toile. . . . . 3 fr.
Grammaire française abrégée, Théorie et Exercices. 1 volume in-16, cartonnage toile. . . . . 1 fr. 80 c.
Corrigés des Exercices sur la Grammaire française abrégée, et Exercices complémentaires avec Corrigés. Livre du maître. 1 vol. in-16, cartonnage toile. . . . . 3 fr.

MORCEAUX CHOISIS

D'AUTEURS FRANÇAIS

CLASSIQUES ET CONTEMPORAINS

à l'usage de l'enseignement moderne

AVEC DES NOTICES ET DES NOTES

PAR

M. ALBERT CAHEN

PROFESSEUR DE RHÉTORIQUE AU LYCÉE LOUIS-LE-GRAND

Classe de Sixième, Cinquième et Quatrième. 1 vol. in-16, cart. toile. . . . . 4 fr.
Classes supérieures (*Troisième, Seconde et Première*). 2 vol. in-16, cartonnage toile . . . . 7 fr. 50
    Prose. 1 volume. . . . . 4 fr. »
    Poésie. 1 volume. . . . . 3 fr. 50

Librairie **HACHETTE** et Cte, 79, boul. St-Germain, Paris.

MANUEL D'EXAMEN
POUR LE BREVET ÉLÉMENTAIRE

DE L'ENSEIGNEMENT PRIMAIRE

A l'usage des aspirants et des aspirantes

PAR

MM. AUVERT, BROUET, DAIX, GAILLARD, GODEFROY ET MABILLEAU

CINQUIÈME ÉDITION

ENTIÈREMENT REFONDUE CONFORMÉMENT AUX DERNIERS PROGRAMMES OFFICIELS

1 volume petit in-16, cartonné. . . . . 5 fr.

MANUEL D'EXAMEN
POUR LE BREVET SUPÉRIEUR

DE L'ENSEIGNEMENT PRIMAIRE

PAR

**MM. BROUARD, DEFODON, CARRÉ, MABILLEAU, BERGER, COLOMB
D'HENRIET ET E. PÉCAUT**

NOUVELLE ÉDITION COMPLÉTÉE ET REMANIÉE,
AVEC LA CHIMIE EN NOTATION ATOMIQUE

2 volumes petit in-16, cartonnés. . . . . 10 fr.

ON VEND SÉPARÉMENT

Partie scientifique, 1 vol. 5 fr. | *Partie littéraire*, 1 vol. 5 fr.

Coulommiers. — Imp. PAUL BRODARD. — 164-1902.

LIBRAIRIE HACHETTE ET Cⁱᵉ, 79, boul. Saint-Germain, Paris

AUTEURS FRANÇAIS ET ÉTRANGERS

DÉSIGNÉS POUR

L'EXAMEN DU BREVET SUPÉRIEUR

(ANNÉES 1903, 1904 et 1905)

Corneille : *Horace*, tragédie (PETIT DE JULLEVILLE). 1 vol. cart.   1 fr.
—— *Polyeucte*, tragédie (PETIT DE JULLEVILLE). 1 vol. cart . . .   1 fr.
Racine (J.) : *Britannicus*, tragédie (G. LANSON). 1 vol. cart .   1 fr.
—— *Mithridate*, tragédie (G. LANSON). 1 vol. cart . . . . . .   1 fr.
Molière : *L'Avare*, comédie (LANSON). 1 vol. cart . . . . .   1 fr.
—— *Les Femmes savantes*, comédie (LANSON). 1 vol. cart . . . .   1 fr.
—— *Le Tartufe*, comédie (LAVIGNE). 1 vol. cart. . . . . . .   1 fr.
La Fontaine : *Huit fables* (THIRIOX). 1 vol. broché.. . . . . .   » »
La Bruyère. *Les Caractères*, chap. XIII. — *De la Mode* (G. SERVOIS et
   A. RÉBELLIAU). 1 vol. broché.. . . . .   75 c.
Voltaire : *Essai sur les mœurs*, chap. 81, 97 et 98, et *Quatre lettres
   choisies* (BRUNEL). 1 vol. broché. . . . . »   »
**Extraits des Orateurs politiques de la France des Origines
   à 1830.** (CHABRIER et PELLISSON). 1 vol. broché. . . . . 50 c.

Hoffmann : *Le Tonnelier de Nuremberg*, Meister Martin der Kufer
   (BAUER). 1 vol. cartonné . . . .   2 fr.
Heine (H.) : *Trois poèmes* (BAILLY), 1 vol. broché. . . . . .   50 c.
Gœthe et Schiller : *Sept poésies lyriques* (LICHTENBERGER). 1 vol.
   broché. . . . .   75 c.

Aikin et Barbauld : *Extraits des Soirées au logis*, Evening's at home
   (TRONCHET). 1 vol. broché. . . . .   75 c.
Corner (Miss) : *Abrégé de l'histoire d'Angleterre*, Every child's history
   of England. 1 vol. cartonné. . . . .   2 fr.
Wordsworth : *Michael* (LEGOUIS). 1 vol. broché. . . . . . .   50 c.
Longfellow : *Neuf poèmes* (MALFROY), 1 vol. broché.. . . . . .   » »

---

*Tous ces volumes, publiés avec une introduction détaillée exposant
la vie de l'auteur et analysant son œuvre entière, renferment en outre
des notices particulières sur chacun des textes désignés par le programme. Des notes nombreuses placées en bas des pages éclairent les
passages qui, à l'examen, peuvent donner lieu à une explication. Les
noms des annotateurs sont entre parenthèses.*

Coulommiers. — Imp. PAUL BRODARD. — 212-1902.

www.ingramcontent.com/pod-product-compliance
Lightning Source LLC
LaVergne TN
LVHW050321030726
842520LV00005B/1715